yukismart.com/b/63a576
AF364358
1
2

fille

дівчинка
divchynka

garçon

хлопчик
khlopchyk

maman

мама
mama

papa

тато
tato

jeune

молодий
molodyi

vieux

старий
staryi

enfant

дитина
dytyna

adulte

дорослий
doroslyi

accepter

приймати
pryimaty

refuser

відмовлятися
vidmovliatysia

oui

так
tak

non

ні
ni

sourire

посміхатися
posmikhatysia

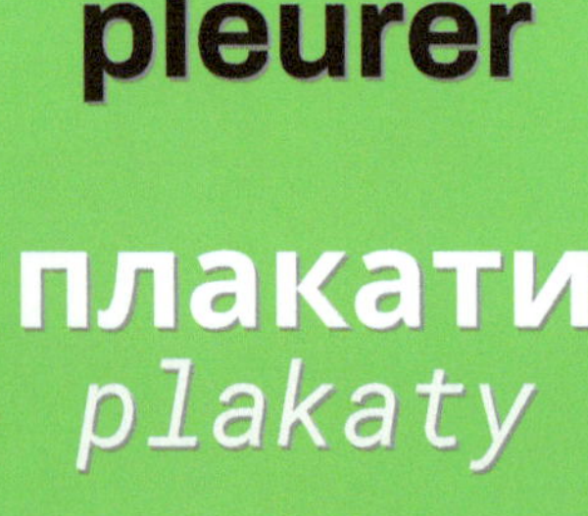

pleurer

плакати
plakaty

heureux

щасливий
shchaslyvyi

triste

сумний
sumnyi

seul

один
odyn

ensemble

разом
razom

bruit

шум
shum

silence

тиша
tysha

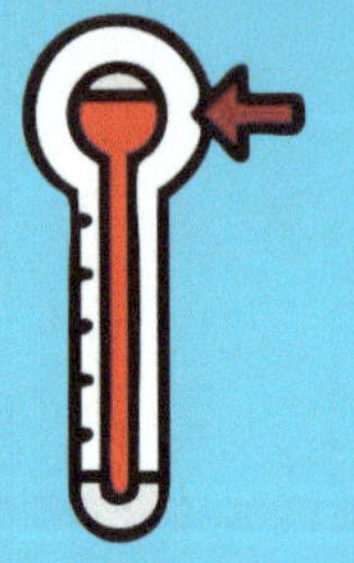

chaud

гарячий
hariachyi

froid

холодний
kholodnyi

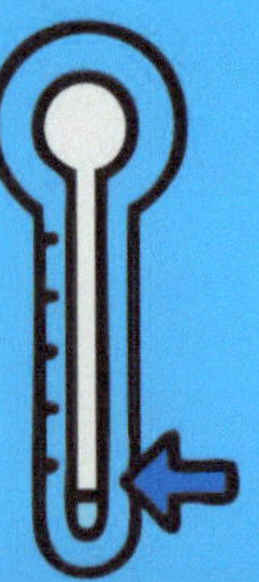

un peu

трохи
trokhy

beaucoup

багато
bahato

solide

твердий
tverdyi

liquide

рідкий
ridkyi

court

короткий
korotkyi

long

довгий
dovhyi

lent

повільний
povilnyi

rapide

швидкий
shvydkyi

minuscule

крихітний
krykhitnyi

petit

маленький
malenkyi

grand

великий
velykyi

énorme

великий
velykyi

dedans

всередині
vseredyni

dehors

поза
poza

gonflé

надутий
nadutyi

dégonflé

здутий
zdutyi

sur

на
na

sous

під
pid

sale

брудний
brudnyi

propre

чистий
chystyi

identique

однаковий
odnakovyi

différent

відмінний
vidminnyi

gauche

ліво
livo

droite

право
pravo

faux

невірно
nevirno

correct

правильний
pravylnyi

mince

тонкий
tonkyi

épais

товстий
tovstyi

facile

легкий
lehkyi

difficile

важко
vazhko

fermé

закритий
zakrytyi

ouvert

відкритий
vidkrytyi

grand

високий
vysokyi

petit

низький
nyzkyi

en bonne santé

здоровий
zdorovyi

malade

хворий
khvoryi

jour

день
den

nuit

ніч
nich

jouer

грати
hraty

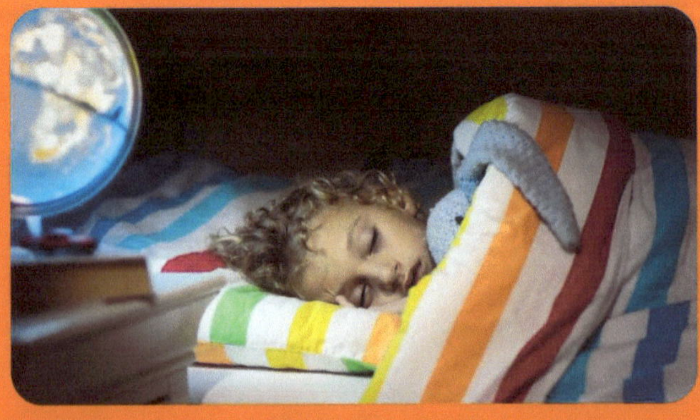

dormir

спати
spaty

ensoleillé

сонячно
soniachno

nuageux

хмарно
khmarno

pluvieux

дощовий
doshchovyi

orageux

бурхливий
burkhlyvyi

blanc

білий
bilyi

noir

чорний
chornyi

couleurs claires

світлі кольори
svitli kolory

couleurs foncées

темні кольори
temni kolory

sucré

солодкий
solodkyi

acide

кислий
kyslyi

salé

солоний
solonyi

amer

гіркий
hirkyi

entier

ціле
tsile

moitié

половина
polovyna

rempli

повний
povnyi

vide

пустий
pustyi

manger

їсти
isty

boire

пити
pyty

près

близько
blyzko

loin

далеко
daleko

là

там
tam

ici

тут
tut

debout

встати
vstaty

allongé

лягти
liahty

assis

сідати
sidaty

cheveux bouclés
кучеряве волосся
kucheriave volossia
cheveux raides
пряме волосся
priame volossia

trempé

промоклий
promoklyi

mouillé

мокрий
mokryi

sec

сухий
sukhyi

devant

перед
pered

derrière

позаду
pozadu

entre

між
mizh

à côté de

поряд з
poriad z

toit

дах
dakh

sol

підлога
pidloha

lourd

важкий
vazhkyi

léger

легкий
lehkyi

fragile

крихкий
krykhkyi

robuste

міцний
mitsnyi

faible

слабкий
slabkyi

fort

сильний
sylnyi

piquant

гострий
hostryi

doux

м'який
m'iakyi

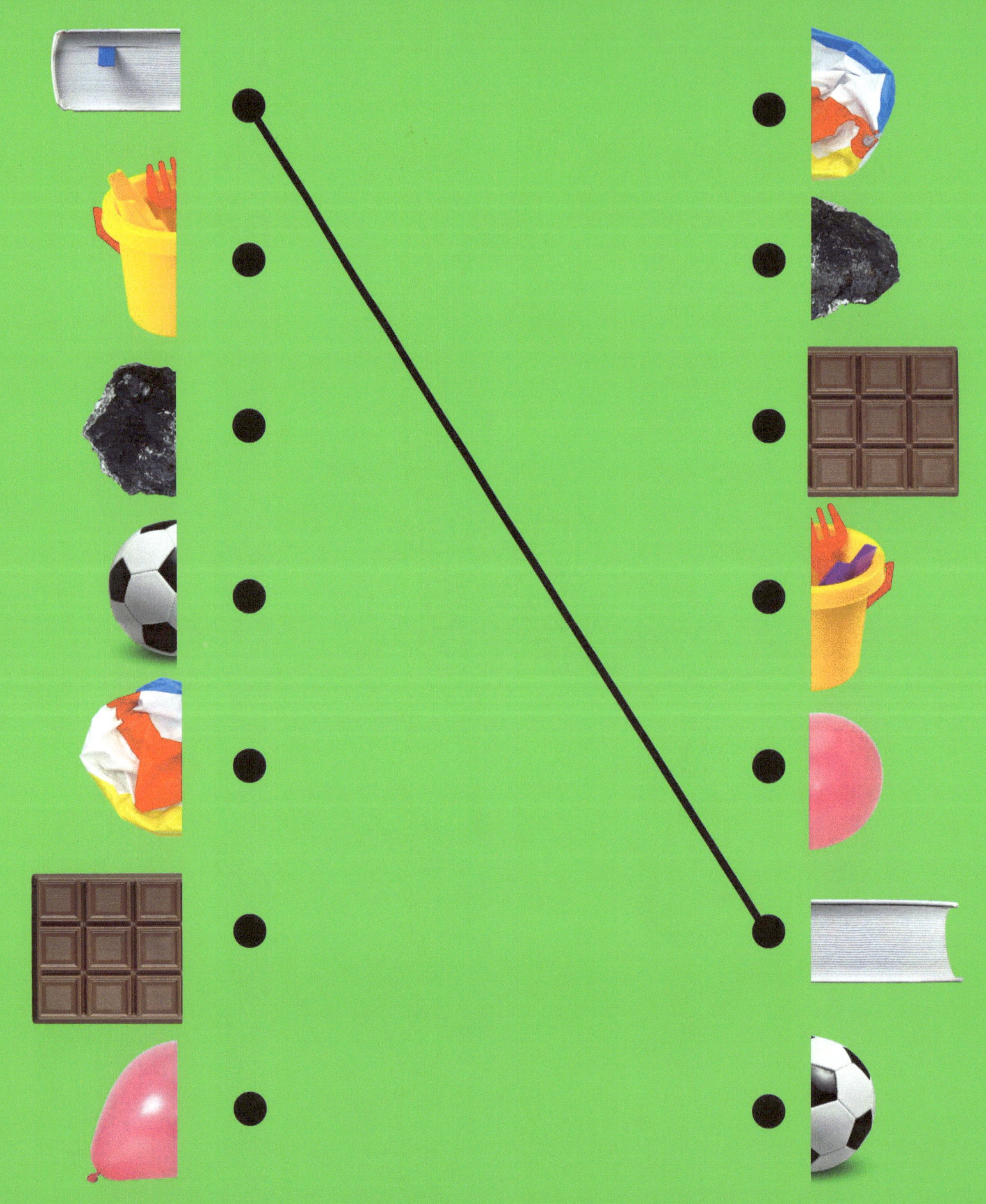